LA CUISINE AU BLUFF

57 RECETTES POUR IMPRESSIONNER
SANS SAVOIR CUISINER

ISBN 979-10-94543-25-2

Les Éditions du Loir
14 place de la Liberté
28200 CHÂTEAUDUN

Crédit photos
Illustrations des recettes : Jeff Lee-Pat-Yuen/Jeff.lpy ; Vincent Alemany : p. 15, p. 19 (gigot), p. 32, p. 61 (en haut à droite), p. 73, p. 101, p. 113 (photo du haut), p. 117 – Illustration Partie 1 : AdobeStock/rdnlz— Illustration Partie 2 : AdobeStock/regomark – Illustration Partie 3 : AdobeStock/sensvector – Illustration Partie 3 : AdobeStock/Thomas Pajot – Illustration Partie 5 : AdobeStock/Lynea

Isabelle Bourdial

LA CUISINE ★ AU BLUFF

57 RECETTES POUR IMPRESSIONNER
SANS SAVOIR CUISINER

LES ÉDITIONS DU LOIR

Cartes sur table !

Le bluff, c'est quoi ? C'est miser gros sans avoir de jeu, en mettre plein la vue à peu de frais. En trois mots : donner le change. Appliqué à la cuisine, le bluff consiste à persuader autrui qu'on a assuré aux fourneaux question recette, savoir-faire, tour de main, temps investi, qu'on est des chefs alors qu'on a fait les courses en 10 minutes chrono – le temps d'explorer les fonds de placard – et qu'on a cuisiné en accéléré.

Attention, esbroufe ne veut pas dire malbouffe. Pas question d'imposture, de tromperie. Pas de concession sur le goûteux, de cartes avariées dans sa manche, de recettes bâclées.

Petit rappel, c'est de cuisine dont il est question. Et en cuisine, on ne joue pas contre des adversaires. Si l'on remporte la partie, tout le monde est gagnant ! Un convive qui se régale, c'est bien plus qu'un ventre satisfait. Autour d'une bonne table, on entre en communion. On partage, on échange. Il n'est qu'à voir Babette dont le festin a mis ses invités dans une sorte d'état second, de bien-être partagé.

Mais plutôt que d'engloutir son héritage dans des plats sophistiqués et ruineux, de faire venir les ingrédients les plus rares de l'autre côté de la Terre, de prendre racine devant son four au risque d'arborer une face cramoisie pendant tout le dîner, on vous propose de régaler vos convives autrement. D'user de ruse et astuces pour s'économiser en matière de temps, d'argent, de recherche, d'idées. De faire rimer facilité avec originalité et efficacité…

Car si on a tous – ou pas – un boulot très prenant (les 35 quoi ?), qu'on apprécie tous – ou pas – de cuisiner pour ses copains, il y a une chose qu'on a tous en commun : aimer surprendre en faisant plaisir, avec peu de moyens.

Pour cela, il vous faudra juste investir dans quelques instruments simples et abordables, le présent livre étant le premier de la liste (ça, c'est fait !). Et avoir en permanence certains ingrédients de base sous le coude. On s'occupe du reste. Après, c'est à vous de jouer…

L'art du bluff
(explication des logos)

Bluffer ne veut pas dire mentir mais laisser supposer des choses sans les dire. En cuisine, il y a plusieurs manières d'y parvenir. Voici un aperçu de la panoplie des bluffs auxquels vous allez pouvoir recourir. Mais attention, à l'arrivée pas de mauvaise surprise, ce que vous servirez sera bon (si vous suivez la recette, hein ?). Juste plus rapide ou plus facile à faire qu'il n'y paraît.

1. C'est de la triche

Le plat semble très sophistiqué, et donc compliqué à faire. En réalité, il est archi-simple, moyennant quelques trucs.

2. Quinte flush

Votre préparation en jette. Elle fait son effet grâce à une poignée d'astuces.

3. Tapis !

Parfois, il faut savoir tout miser, faire le spectacle, créer l'animation. Et là, c'est en soignant la mise en scène qu'on y parvient.

4. Main gagnante

Utiliser des ingrédients inhabituels ou les détourner de leur usage premier, si on suit les bonnes martingales ça paie!

5. Jouer la montre

Accélérer la procédure, prendre des raccourcis culinaires pour gagner du temps...

COMMENT SE PASSER D'UNE BALANCE OU D'UN VERRE GRADUÉ

1 verre à moutarde	1 cuillère à soupe rase	1 cuillère à café rase	1 pot de yaourt
= 20 cl de liquide	= 2 cl de liquide	= 0,5 cl de liquide	= 16 cl de liquide
= 120 g de farine	= 12 g de farine	= 3 g de farine	= 90 g de farine
= 150 g de sucre en poudre	= 15 g de sucre	= 4 g de sucre	= 120 g de sucre en poudre

La liste des recettes

Par souci de commodité, les recettes sont regroupées selon leur type de bluff.

Partie 1. C'est de la triche

(plat faussement compliqué)

Entrées

Plats

Desserts

Partie 2. Quinte Flush

(plat qui a de la gueule)

Entrées

Plats

Desserts

Partie 3. Tapis !

(Soigner la mise en scène)

Entrées

Plats

Desserts

Partie 4. Main gagnante

(ingrédients inhabituels ou détournés de leur usage premier)

Entrées

Plats

Desserts

Partie 5. Jouer la montre

(recettes hyper rapides)

Entrées

Plats

Desserts

Des plats faussement compliqués

LA CUISINE AU BLUFF

1

C'est de la triche

La mousse de canard qui n'a pas froid aux yeux

Mieux vaut une excellente mousse de canard plutôt qu'un foie gras moyen. Sans complexe, celle-ci vous sort le grand jeu. Délicatement relevée, elle n'en est pas moins très facile à faire. Alors, laissez-vous séduire par sa saveur parfumée et par sa texture fine…

6 personnes

Préparation : 5 mn
Cuisson : 10 mn

Ingrédients

- 300 g de foie de canard
- 100 ml de vin blanc plutôt fruité
- 200 g de beurre doux
- 1 cuillère à soupe de cognac (ou d'armagnac)
- 1 cuillère à café de sel
- Plusieurs pincées de poivre
- Facultatif : une feuille de laurier, deux feuilles de poireau

Accessoires

- Une terrine
- Un mixeur

Préparation

① Faire chauffer les foies de canard dans une casserole avec le vin blanc pendant 12 mn. Les foies ne doivent pas être trop rosés.

② Egoutter les foies. Les mettre dans le bol du mixeur avec une cuillère à soupe du vin blanc de cuisson, le cognac, le beurre coupé en morceau, le sel et le poivre. Mixer durant une minute à la vitesse maximum. La consistance obtenue doit être mousseuse.

③ Verser la préparation dans la terrine, lisser à la cuillère. Décorer avec la feuille de laurier. Laisser prendre la mousse de foie au réfrigérateur pendant au moins 2 heures avant de servir. Couper en tranches et parsemer de fleur de sel et de baies roses.

UN AS DANS LA MANCHE

Pour mettre en valeur la mousse de canard, on peut la présenter sur un quadrillage de verdure.

- Faire blanchir deux feuilles de poireau, coupées en 2 dans le sens de la largeur, durant 5 mn avec les foies dans le vin blanc.
- Fixer la couleur des feuilles en les plongeant dans un bol d'eau froide.
- Détacher les fibres pour obtenir de petits filaments.
- Les disposer sur les assiettes, une première série alignée en parallèle dans un sens, une seconde perpendiculaire à la première.
- Badigeonner le quadrillage obtenu au pinceau avec une huile parfumée (noisette, sésame).

Le foie gras cuit au gros sel

La cuisson du foie gras rebute plus d'un cuisinier amateur. La matière première est trop chère pour se lancer sans expérience. À moins de le cuire au gros sel. Préparer son foie devient alors un jeu d'enfant. Cinq minutes de préparation, qui dit mieux ? Il faut juste s'y prendre à l'avance pour laisser au foie le temps de cuire tout seul dans son manteau de sel.

6 personnes

Préparation : 5 mn
Repos : 15 heures minimum pour la cuisson au gros sel et 10 heures pour sa maturation.

Ingrédients

- 1 foie gras cru dénervé
- 500 g de sel gris
- poivre

Accessoires

- Une feuille de mousseline ou un sac à saucisson en étamine de coton (vendu en grande surface)
- Une terrine

Préparation

① Envelopper le foie gras avec la feuille de gaze ou le placer dans le sac à saucisson. Bien le serrer pour former un bloc compact.

② Verser un quart du gros sel dans un saladier. Poser le foie dessus et recouvrir avec le reste de sel. Réserver au réfrigérateur pendant au minimum une quinzaine d'heures pour laisser au foie le temps de cuire dans le gros sel.

③ Retirer le foie du saladier, le débarrasser du sel et le démailloter. L'essuyer soigneusement avec un torchon, le poivrer et le déposer dans une terrine. Laisser reposer encore une dizaine d'heures avant de servir ce foie mi-cuit très savoureux.

UN AS DANS LA MANCHE

On peut parfumer son foie gras en ajoutant un trait de porto dans la terrine.

Le saucisson qui a de la brioche

Le saucisson brioché, on a beau l'aimer, il impressionne toujours. Le mélange des deux si bon, si parfait… On s'en régale sans pour autant envisager de le faire soi-même. Mais ça, c'était avant… Voilà une recette simplissime qui va vous permettre d'obtenir une brioche moelleuse à souhait et un saucisson cuit à cœur.

6 personnes

Préparation : 15 mn
Cuisson : 30 mn

Ingrédients

- 1 saucisson assez long
  ou une grosse saucisse à cuire de 350 g
- 3 œufs
- 250 g de farine
- 1 sachet de levure chimique
- 5 cl de lait demi-écrémé
- 20 cl de crème fraîche entière liquide
- 1 pincée de sel

Accessoires

- Un moule à cake
  de préférence en silicone

Préparation

① Plonger le saucisson dans une casserole d'eau bouillante et le faire cuire durant 15 mn. Le placer à refroidir dans un saladier d'eau froide. Fendre la peau sur la longueur et la retirer à l'aide d'un couteau.

② Battre les œufs et le sel à la fourchette dans un grand saladier. Ajouter la crème fraîche, la levure et la farine tout en remuant énergiquement. Détendre la pâte en ajoutant le lait.

③ Verser la moitié de la préparation dans le moule. Poser le saucisson sur la pâte. Recouvrir du reste de la préparation et enfourner pour 30 mn dans un four préchauffé à 220 °C. Le laisser refroidir avant de le démouler et de le trancher.

UN AS DANS LA MANCHE

- Pour éviter que le saucisson ne sombre à la base de la brioche, on peut laisser le moule partiellement rempli de pâte au réfrigérateur pendant 20 mn avant d'y déposer le saucisson. La préparation sera plus dense et supportera mieux son poids.
- On peut ajouter des pistaches concassées à la pâte avant de la verser dans le moule.

La mozzarella fumée

Comment transformer d'un claquement de doigt une mozzarella banale en met exquis ? En la fumant soi-même, vite fait bien fait ! Trois minutes de préparation, un quart d'heure de fumage, et vous obtenez un fromage goûteux à la saveur marquée, qui donnera du caractère à vos plats.

2-4 personnes

Préparation : 3 mn
Fumage : 15 mn

Ingrédients

- 1 boule de mozzarella de 250 g, pas besoin de la prendre di Buffala
- 1 bouquet bien sec de thym, laurier et romarin
- Sel et poivre

Accessoires

- Une cocotte avec un couvercle hermétique
- Une grille

Préparation

① Tapisser le fond de la cocotte de papier d'aluminium. Y déposer les herbes de Provence et la grille par-dessus. Elle ne doit pas les toucher.

② Égoutter la mozzarella et la poser sur la grille. Enflammer les herbes et placer immédiatement le couvercle sur la cocotte. Le feu va s'éteindre et de la fumée va se dégager des herbes. Le fumage de la mozzarella doit durer 15 mn. La retirer de la cocotte et l'assaisonner. La servir froide ou chaude.

UN AS DANS LA MANCHE

Coupée en lamelles, elle peut agrémenter un plat de riz, de boulghour ou de quinoa cuits sur lequel on aura posé une branche entière de petites tomates cerise et qu'on aura enfourné 20 mn à 150 °C.

Le gigot fait son show

Voici un plat traditionnel bluffant. Son secret réside dans la cuisson, longue et douce, qui confit les aliments. Les légumes s'imprègnent des sucs de cuisson et la viande est si moelleuse qu'elle se sert à la cuillère. Ce gigot dit « de 7 h » est long à cuire, mais vous n'êtes pas obligé de crier sur les toits que sa préparation est écourtée et sa surveillance inexistante !

6 personnes

Préparation : 20 mn
Cuisson : au moins 5 heures
Prévoir de le cuisiner la veille, ou tout au moins de n'avoir plus qu'à le cuire une heure ou deux avant de le servir.

Ingrédients

- 1 gigot d'agneau (l'épaule va tout aussi bien)
- 1 bouteille de vin blanc
- 1 petit verre de porto
- 4 ou 5 légumes de saison : carottes, navets, poireaux, topinambours, fenouil… ce que vous voulez ! Sauf des pommes de terre, des courgettes ou des tomates qui s'écraseraient durant la cuisson.
  Prévoir entre 3 et 6 de chaque sorte.
- 1 cuillère à soupe de gros sel
- 2 oignons émincés, 6 gousses d'ail
- Thym

Accessoires

- Une grande cocotte

Préparation

① Faire dorer le gigot sur toutes ses faces avec un peu d'huile dans la cocotte, à feu vif. Retirer le gigot et faire revenir les oignons. Déglacer la cocotte avec le porto.

② Remettre la viande dans la cocotte, ajouter les légumes épluchés et coupés grossièrement, en alternant avec un peu de sel, le thym et les gousses d'ail. Verser le vin blanc.

③ Laisser mijoter à feu doux durant au moins 5 heures. Servir dans la cocotte.

UN AS DANS LA MANCHE

Dans une cuisson au four, on peut luter la cocotte, c'est-à-dire sceller son couvercle avec de la pâte pour que le plat mijote dans son jus.

– Avant la cuisson, mélanger 150 g de farine avec 10 cl d'eau et 5 g de sel (pour la rendre meilleure au goût) jusqu'à obtenir une pâte qui ne colle pas aux doigts (si c'est le cas, rajouter un peu de farine).

– Former un long boudin et l'appliquer le long du bord de la cocotte. Poser le couvercle et appuyer doucement pour bien faire adhérer la pâte au récipient. Juste au moment de servir, casser la pâte avec le dos d'une cuillère. Que le spectacle commence…

Variante

On peut opter pour une cuisson au four à 120 °C. Prévoir également 5 h au minimum.

La pintade planteur

À la base, la pintade est plus originale et plus raffinée que le poulet. De là à faire se pâmer les foules… Et si vous sortiez votre botte secrète ? Il vous suffit pour cela de deux ingrédients : des figues et du rhum. Aucun savoir-faire requis et pourtant, succès garanti.

6 personnes

Préparation : 10 mn + 20 mn de repos
Cuisson : 1 h 10

Ingrédients

- 1 pintade prête à cuire
- 1 farce fine aux légumes
- 1 demi-douzaine de figues sèches et quelques figues fraîches (ou congelées)
- 1 demi-verre à moutarde de rhum
- 1 cuillère à café de sel

Préparation

① Tremper les figues sèches dans le rhum pendant 20 mn. Puis les couper en morceaux sauf une. Conserver le rhum.

② Mélanger les figues coupées à la farce. Imbiber celle-ci d'un peu de rhum. Farcir la pintade avec le mélange et fermer l'orifice avec la figue entière.

③ Huiler la pintade, la saler et la poivrer. L'enfourner pour un peu plus d'une heure dans un four préchauffé à 200°C. L'arroser avec le jus de cuisson à une ou deux reprises, au besoin allonger le jus avec un peu d'eau. Vingt minutes avant la fin de la cuisson, ajouter les figues fraîches dans le plat. Au moment de servir, déglacer le plat chaud avec le reste de rhum. Servir avec du riz.

Le filet mignon en habit de soirée

Les viandes en croûte donnent un air de fête aux repas. Mais elles ont la réputation d'être délicates à réaliser. Avec cette recette inratable, lancez-vous sans hésiter. Et vous obtiendrez une viande fondante à la cuisson parfaite sous une belle croûte dorée…

4-6 personnes

Préparation : de 10 à 15 mn
Cuisson : 25 mn

Ingrédients

- 1 filet mignon
- 1 pâte feuilletée pur beurre
- 3 cuillères à soupe de moutarde à l'ancienne
- 1 poignée de feuilles d'épinard
- 1 jaune d'œuf
- 1 cuillère à soupe de lait

Accessoires

- Un pinceau en silicone

Préparation

① Préchauffer le four à 200 °C. Étaler la pâte et la badigeonner de jaune d'œuf. Y déposer les feuilles d'épinard.

② Enduire le filet mignon de moutarde. Le placer au milieu de la pâte et le recouvrir de quelques feuilles d'épinard.

③ Rabattre la pâte de manière à envelopper hermétiquement la viande. Bien souder les bords.

④ Mélanger le restant de jaune d'œuf avec le lait. Badigeonner de ce mélange le filet enveloppé de pâte. Tracer un décor sur la pâte avec la pointe d'un couteau.

⑤ Déposer la préparation dans un plat huilé et faire cuire 25 mn à 180 °C.

⑥ Avec un couteau à dents, découper le filet en tranches régulières pas trop fines.

UN AS DANS LA MANCHE

Dix minutes avant la fin de la cuisson, mettre dans le plat de cuisson une tête d'ail coupée en deux pour obtenir une décoration originale et goûteuse.

Variante

Ni sel, ni poivre, mais les amateurs de saveur aigre-douce peuvent mélanger la moutarde avec 2 cuillères à soupe de confiture de mirabelle. On peut aussi remplacer les épinards par des feuilles de poireau cuites à la vapeur.

Le curry de poisson

Un plat exotique onctueux et épicé qui étonnera vos invités. Très simple à faire, son secret réside dans le respect des temps de cuisson.

4 personnes

Préparation : une poignée de minutes
Cuisson : 20 mn

Ingrédients

- 600 g de colin coupé en dés d'environ 3 cm de côté (lieu, cabillaud…)
- 2 cuillères à soupe de garam masala, un mélange d'épices indiennes (s'achète dans une épicerie orientale)
- 1 yaourt
- 400 g de pulpe de tomates
- 1 cuillère à café de sel
- 3 gousses d'ail
- Sel

Préparation

① Faire revenir l'air hâché dans un peu d'huile à la poêle pendant 5 mn. En milieu de cuisson, ajouter le garam masala. Remuer.

② Ajouter la pulpe de tomates et le yaourt, faire réduire à feu moyen pendant 10 mn sans couvrir la poêle. Baisser le feu avant d'ajouter le poisson, mélanger délicatement avec une cuillère en bois et laisser mijoter 5 mn. Saler avant de servir avec du riz.

Les roulés de poulet au cœur tendre

Cette recette de filets de poulet délicatement imprégnés de basilic repose sur une astuce de cuisson qui garantit une viande tendre. Ces petites silhouettes râblées parfumées à cœur produisent un certain effet. Les roulés de poulet, c'est toujours un succès !

4 personnes

Préparation : 10 mn
Cuisson : 15 mn

Ingrédients

- 2 filets de poulet
- 1 fromage frais (par exemple une demi-boîte de St-Moret ou de Philadelphia, ou 2 carrés frais…)
- 1 vingtaine de feuilles de basilic
- Sel, poivre

Accessoires

- Du film alimentaire

Préparation

① Couper chaque filet en deux dans le sens de l'épaisseur pour obtenir 4 escalopes.

② Tartiner de fromage frais une des faces de chaque escalope. Déposer 4 feuilles de basilic au milieu. Enrouler chaque escalope et envelopper les rouleaux obtenus dans une grande feuille de film alimentaire. Faire plusieurs tours et serrer bien fort de manière à obtenir des papillotes hermétiques.

③ Plonger les 4 rouleaux dans une casserole d'eau bouillante et faire cuire 15 mn à feu moyen. Retirer les rouleaux, les démailloter et couper une de leurs extrémités de manière à pouvoir les dresser sur une assiette. Assaisonner, puis les coiffer d'une feuille de basilic.

UN AS DANS LA MANCHE

Un accompagnement qui sort de l'ordinaire, apporte du peps et de la couleur à ces roulés ? Râper quelques carottes (on en trouve déjà râpées en sachet), les passer 5 minutes à la poêle et les saler en fin de cuisson.

Le gâteau magique

Une seule pâte et pourtant, à la sortie du four, un gâteau à trois couches : une génoise, un flan et une mousse, trois textures différentes qui apparaissent miraculeusement lors de la cuisson. Y a un truc ! Derrière ce tour de magie, une affaire de chimie !

6 personnes

Préparation : 15 mn
Cuisson : 50 mn
Repos : 2 h au frais

Ingrédients

- 100 g de farine
- 125 g de sucre
- 4 œufs
- 125 g de beurre
- 50 cl de lait demi-écrémé
- 50 g de cacao noir en poudre
- 1 pincée de sel

Accessoires

- Un moule à manqué avec un fond amovible
- Un batteur électrique
- Une grande passoire fine

Préparation

① Fouetter les jaunes d'œufs avec le sucre et une cuillère à soupe d'eau, avant d'y ajouter le beurre fondu. Ajouter la farine et le cacao en les tamisant à l'aide d'une passoire.

② Verser le lait sur la préparation petit à petit en remuant avec une cuillère en bois. Monter les blancs en neige avec le sel et les incorporer à la pâte.

③ Verser le tout dans le moule fariné et beurré. Enfourner dans un four préchauffé à 150 °C et laisser cuire 50 mn. Une fois refroidi, le gâteau doit reposer 2 h au réfrigérateur avant d'être dégusté.

Variante

On peut remplacer le cacao par de la vanille. Il suffit de parfumer le lait en le chauffant légèrement avec une gousse de vanille fendue pour le faire infuser.

Le cake américain

Américain, il l'est assurément avec ses saveurs de fruits secs, de caramel et de chocolat. Le beurre de cacahuète remplace le beurre ou l'huile. Le lait donne de l'onctuosité, la pomme un soupçon d'acidité, la noix de pécan du croquant. Ce cake est délicieusement roboratif ! À savourer par petites bouchées.

6 personnes

Préparation : 15 mn
Cuisson : 40 mn

Ingrédients

- 150 g de farine
- 1 œuf
- 1 grosse pomme coupée en dés
- 80 g de beurre de cacahuète
- 1 poignée de noix de pécan
- 2 barres chocolatées fourrées au caramel (de type Mars) coupées en dés
- 20 cl de lait
- 1 cuillère à soupe de sucre en poudre
- 1 cuillère à soupe de bicarbonate de soude
- ½ sachet de levure

Accessoires

- Un moule à cake en silicone

Préparation

① Mélanger la farine, la levure et le bicarbonate avec le beurre de cacahuète ramolli au micro-ondes.

② Incorporer le lait, le sucre, l'œuf, les dés de pomme et les noix de pécan.

③ Verser les 2/3 de l'appareil dans le moule. Disposer les dés de barre chocolatée sur toute la surface du cake puis recouvrir avec le reste de la préparation. Enfourner dans un four préchauffé à 180 °C. Laisser refroidir avant de démouler.

UN AS DANS LA MANCHE

- Ce cake a tendance à brunir en surface. Dès qu'il a pris des couleurs, le recouvrir d'une feuille d'aluminium et poursuivre la cuisson.
- Le bicarbonate de soude fait gonfler la pâte et rend le cake plus léger.

Le Mont-Blanc en or

Et pourquoi la simplicité ne s'appliquerait-elle pas à un dessert de fête ? Le Mont-Blanc se décline facilement en version express. Pour le mettre en valeur, choisissez des coupes transparentes. N'oubliez pas la touche finale : une pluie d'or qui le fera briller de mille feux.

4 personnes

Préparation : 20 mn

Ingrédients

- 1 grosse meringue de boulanger
- 250 g de purée de marron
- 250 g de crème de marron
- 2 cuillères à café de whisky
- 40 cl de crème liquide entière bien froide
- 1 cuillère à soupe de sucre glace
- Quelques morceaux de marrons glacés pour le décor
- Paillettes d'or alimentaire

Accessoires

- Une poche à douille (ou 2 sacs de congélation)
- Un batteur électrique

Préparation

① Concasser grossièrement la meringue. Répartir les morceaux au fond des coupes.

② Mélanger la purée et la crème de marron. Parfumer avec le whisky. Remplir une poche munie d'une petite douille lisse avec cette crème arrangée. La déposer en vermicelles dans les coupes, au-dessus de la meringue.

③ Monter la crème liquide en chantilly avec le batteur. Ajouter le sucre et fouetter encore une minute. Recouvrir la crème arrangée d'une belle couche de chantilly. Disposer les morceaux de marrons glacés sur la chantilly et saupoudrer d'or. Servir immédiatement.

UN AS DANS LA MANCHE

La chantilly est bien plus facile à faire si l'on utilise deux tiers de mascarpone et un tiers de crème liquide entière froide. Commencer à fouetter à petite vitesse puis passer en vitesse rapide. Ajouter le sucre et fouetter encore une minute.

Des plats qui ont de la gueule

2

Quinte Flush

La tarte de tomates over the rainbow

Voilà un plat qui sent l'été, un déjeuner champêtre, une descente au potager… Cette tarte, c'est une séance de dégustation à elle seule. Elle met à l'honneur plusieurs variétés de tomates anciennes. L'occasion rêvée d'apprécier l'étendue des couleurs, des textures et des saveurs de ce fruit solaire.

4-6 personnes

Préparation : 20 mn
Cuisson : 20 mn

Ingrédients

- 1 petit pot de tapenade
- 1 pâte brisée pur beurre
- 6 tomates de variétés et de couleurs différentes.
  Par exemple :
  1 tomate noire de Crimée,
  1 tomate cœur de bœuf (rouge sang),
  1 tomate zébrée (verte),
  1 tomate Moonglow (orange),
  1 tomate rose de Berne,
  1 tomate Torino (rouge vif)
- 1 grosse poignée de tomates cerise jaunes, orange
  (et des vertes si vous en trouvez)
- 1 filet d'huile d'olive
- 3 cuillères à soupe de gros sel

Accessoires

- Un couteau bien aiguisé
- Des billes de cuisson ou des légumes secs

Préparation

① Étaler la pâte brisée dans un moule à tarte, piquer la pâte avec une fourchette, y disposer les billes de cuisson et enfourner à four chaud, à 180 °C, pour 20 mn de cuisson.

② Pendant ce temps, couper les tomates en grosses rondelles et les saler pour les faire dégorger durant 10 mn. Les essuyer avec du papier absorbant. Couper les tomates cerise en deux.

③ Tapisser la pâte avec la tapenade. Disposer les tomates par couleur. Placer les tomates cerise sur les grosses tomates de même couleur.

④ Arroser d'un filet d'huile d'olive. C'est tout !

UN AS DANS LA MANCHE

• Pour couper toutes les tomates cerise d'un coup, les placer entre deux assiettes à dessert superposées. Faire glisser la lame du couteau entre les deux assiettes en maintenant fermement celle du haut.

• Une astuce pour éviter que le jus des tomates ne détrempe la pâte : avant la cuisson, badigeonner le fond de tarte d'un jaune d'œuf et laisser au réfrigérateur une bonne demi-heure. Une fois la pâte cuite, la démouler rapidement pour éviter qu'elle ne ramollisse.

Variante

On peut remplacer la tapenade par un pesto maison en mixant une dizaine de feuilles de basilic, deux petites gousses d'ail et une poignée de pignons de pin avec 2 cuillères à soupe d'huile d'olive

La corolle festive

Faciles à manipuler, les feuilles de brick mettent en valeur la moindre de vos préparations. Avantage et non des moindres, l'écrin se déguste avec son contenu. Il ne vous reste plus qu'à faire parler votre imagination pour le garnir. Voici quelques suggestions pour donner à vos corolles une allure de plat de fête.

4 personnes

Préparation : 15 mn
Cuisson : 2 mn + cuisson des légumes

Ingrédients

- 8 feuilles de brick
- 80 g de lardons de saumon ou de truite fumée émincée
- 4 cuillères à soupe de légumes coupés en petits morceaux cuits à l'eau et assaisonnés. Par exemple des fleurettes de brocolis avec des dés de carottes, ou des pois gourmands avec des dés de céleri, ou encore des fèves et du maïs. Les mélanges surgelés coupés en brunoise et les légumes en conserve conviennent parfaitement.
- Quelques noix de cajou grossièrement concassées
- 20 cl de crème fraîche entière liquide très froide

Accessoires

- Un pinceau
- Quatre moules à muffins (de petits bols allant au four peuvent faire l'affaire)
- Une paire de ciseaux de cuisine
- Des légumes secs pour lester la pâte (ou des pois de cuisson)
- Un fouet

Préparation

① Découper les feuilles de brick en cercles d'une dizaine de cm de diamètre, avec les ciseaux. Les badigeonner d'un peu d'huile (ou de beurre fondu) avec le pinceau. Les associer 2 par 2 et les disposer dans 4 moules à muffin. Garnir le fond avec les légumes sec ou les pois de cuisson. Enfourner pour 2 mn de cuisson dans un four préchauffé à 180 °C.

② Laisser refroidir les corolles dorées sur une grille. Les garnir délicatement avec une cuillère de légumes, une cuillère de lardons de saumon. Ajouter les noix de cajou concassées.

③ Battre la crème fraîche au fouet pour obtenir une chantilly. En disposer une cuillère sur chaque garniture.

UN AS DANS LA MANCHE

Pour le plaisir des yeux et des papilles, rien n'empêche de saupoudrer la chantilly d'un peu de piment d'espelette. On peut aussi ajouter à la préparation quelques œufs de saumon.

Le camembert qui voit rouge

Le caractère marqué de ce fromage en fait un allier de choix pour donner de la personnalité à une entrée. Ici, il se pare d'un manteau fruité qui joue sur le contraste. Un passage éclair au four pour exprimer les saveurs et hop, le tour est joué !

4 personnes

Préparation : 10 mn
Cuisson : 5 mn

Ingrédients

- 1 camembert
- 1 œuf
- 1 bol de chapelure (à défaut, quelques biscottes écrasées ou du pain sec mixé)
- 3 cuillères à soupe de cranberries séchées
- Quelques feuilles de salade et un trait de vinaigre balsamique

Préparation

① Couper le camembert en 4. Casser l'œuf dans une assiette creuse et le battre. Mixer grossièrement les cranberries et les mélanger à la chapelure pour obtenir une panure rouge et acidulée.

② Tremper chaque portion de camembert dans l'œuf battu puis la rouler dans la panure.

③ Enfourner dans un four préchauffé à 180 °C et laisser cuire 5 mn. Disposer les parts sur la salade arrosée de vinaigre balsamique..

UN AS DANS LA MANCHE

Dans cette recette, la cuisson au four est préférable à la friture, qui alourdirait le met.

Variante

On peut remplacer les cranberries par des raisins ou des abricots secs.

Le chou-fleur, c'est du gâteau

Qui aime le chou-fleur ? Pour être franc, pas grand monde. Eh bien vous allez changer tout ça avec cette recette ultra facile qui en apprivoisera les saveurs fortes et réconciliera « la bête » avec ses détracteurs. Croustillant et bien épicé, il accompagnera avantageusement une viande.

4-5 personnes

7 mn de préparation en comptant large !
1 h 30 de cuisson

Ingrédients

- 1 chou-fleur de petite taille
- 5 gousses d'ail
- 6 cuillères d'huile d'olive
- 1 cuillère à soupe de curry
- 1 cuillère à soupe de paprika
- Sel

Accessoires

- Un pinceau en silicone
- Du papier sulfurisé

Préparation

① Presser les gousses d'ail, mélanger avec les épices, le sel et la moitié de l'huile.

② Badigeonner le chou-fleur au pinceau avec ce mélange

③ Le déposer sur une feuille de papier sulfurisé placée sur la grille du four préchauffé à 200 °C. Le recouvrir d'une autre feuille de papier sulfurisé.

④ Faire cuire 1 h 10.

⑤ Découvrir le chou, l'arroser d'huile d'olive, faire dorer 15 mn.

UN AS DANS LA MANCHE

Cuisiné d'un bloc, ce chou-fleur se découpe en parts, comme un gâteau. Pour un chou-fleur de taille moyenne, augmenter la durée de cuisson sous papier sulfurisé. Piquer avec un couteau pour évaluer le degré de cuisson.

Les tartes spectrales

Élargir sa palette en jouant avec toutes les couleurs du spectre, booster sa créativité. Donner de l'éclat à sa cuisine dans un festival de saveurs épicées et de détails à croquer ! Oser, s'amuser et se régaler ! À vous de jouer…

4-6 personnes

Préparation : cela dépend de vous. Pour un travail minutieux, prévoir au moins 45 mn.
Cuisson : 30 mn pour cuire la pâte. Pour la garniture, prendre des légumes en conserve déjà cuits et des purées toutes faites vendues en épicerie fine

Ingrédients

- 1 pâte brisée pur beurre
- Ingrédients blancs :
  par exemple 1 purée d'artichaud (vendue en bocal en grande surface), 1 poignée de petits boudins blancs, 2 gousses d'ail confit, quelques salsifis en conserve
- Ingrédients jaunes :
  par exemple 1 part d'omelette, quelques rondelles de courgette jaune cuite, 1 cuillère à soupe de grains de maïs en conserve.
- Ingrédients orange : purée de poivron orange (vendue en bocal en grande surface), quelques rondelles de carottes cuites, plusieurs tomates cerise orange coupées en deux, petits dés de poivron orange
- Ingrédients rouges : concentré de tomate, plusieurs tomates cerise rouges coupées en deux, plusieurs fraises coupées en rondelles
- Ingrédients verts : guacamole, bâtonnets de concombre, quelques fèves cuites, quelques fleurettes de brocolis cuits
- Ingrédients bleus : fromage frais teinté avec de la poudre de spiruline, radis hâchés, champignons de Paris, crosnes, tout aliment de couleur claire qui peut être teinté par la spiruline
- Ingrédients noirs : tapenade, boudins noirs, olives noires en rondelles

Accessoires

- Billes de cuisson ou légumes secs pour lester la pâte

Préparation

① Étaler la pâte dans un moule à tarte et enfourner dans un four préchauffé à 180 °C. Laisser cuire 30 mn.

② Inciser légèrement la tarte de manière à tracer des parts égales au nombre de couleurs. Tartiner chaque part avec la purée de couleur correspondante, en suivant l'ordre blanc, jaune, orange, rouge, vert, bleu, noir. Disposer sur chaque portion les ingrédients de même couleur.

UN AS DANS LA MANCHE

Il est possible de décliner la tarte spectrale en tartelettes monochromes, une pour chaque couleur du spectre. Dorer la pâte au jaune d'œuf avec un pinceau de silicone avant la cuisson.

Variante

Ingrédients roses : fromage frais teinté avec un peu de betterave, lamelles de gingembre en saumure, peau de radis coupée en écaille.

Ingrédients violets : fromage frais teinté avec des myrtilles écrasées, betterave coupée en lamelles, petite pomme de terre de variété vitelotte cuite et coupée en tranches fines, demi-grains de raisin noir.

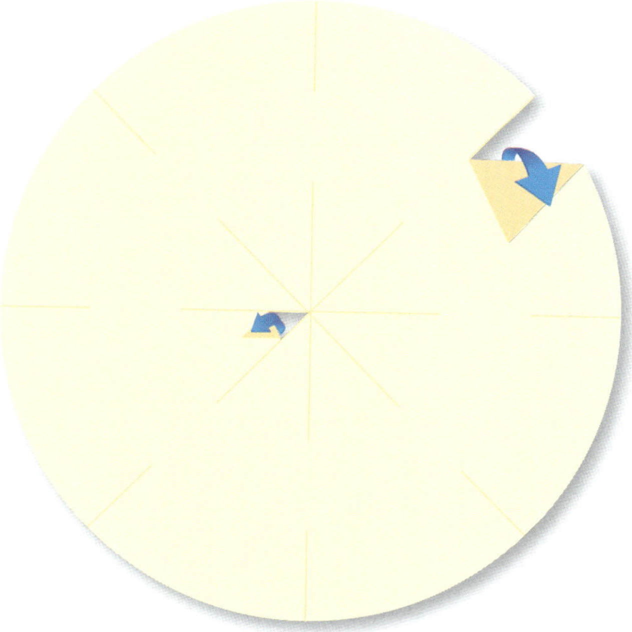

La star des pizzas

Les pizzas font l'unanimité. Du coup, difficile d'innover avec un plat aussi connu et apprécié. À moins de s'adonner au pliage. Et là, quel coup d'éclat ! Une pizza reine détrônée par la star des pizzas… c'est une révolution !

2-4 personnes

Préparation : 10 mn
Cuisson : 15 mn

Ingrédients

- 1 pâte à pizza
- 4 cuillères à soupe de coulis de tomate
- Garniture à votre goût : oignons, champignons, fromage, thon, viande hâchée, jambon, œuf, olives…

Accessoires

- Un couteau bien aiguisé.

Préparation

① Étaler la pâte à pizza. Appuyer le bord non tranchant de la lame d'un couteau sur la pâte en traçant 8 diagonales comme pour la découper en 8 parts égales. Pratiquer des entailles aux extrémités de chaque diagonale, sur 3 cm vers l'extérieur et 1,5 cm au centre.

② Étaler le coulis sur la pâte, puis disposer toute la garniture. Replier la pâte suivant les entailles de manière à former une étoile ouverte en son centre.

③ Enfourner pour 15 mn de cuisson dans un four préchauffé à 200 °C.

Le gâteau-sandwich

Voici un plat original qui se sert en toute occasion, en entrée lors d'un repas classique ou en plat principal pour un pique-nique. Il ne nécessite pas de cuisson et demande juste un peu de temps pour soigner la déco. Tranché, il produit son petit effet…

4-5 personnes

30 mn

Ingrédients

- 1 paquet de 5 ou 6 pains polaires, encore appelés pains suédois
- 500 g de fromage blanc
- 5 portions de carré frais
- 4 tranches de saumon fumé
- 1 concombre coupé en tranches fines (ou une barquette de concombre au fromage blanc)
- 1 poignée de tomates cerise
- 1 bouquet de ciboulette
- sel

Accessoires

- Une spatule

Préparation

① Poser un pain sur une assiette et le badigeonner de fromage blanc salé au préalable.

② Étaler une grosse tranche de saumon ou deux petites pour recouvrir tout le pain.

③ Recouvrir d'un nouveau pain. Badigeonner de fromage blanc salé et le recouvrir de rondelles de concombre ou de salade de concombre toute prête.

④ Empiler ainsi tous les pains badigeonnés de fromage blanc en alternant la garniture : saumon fumé et concombre.

⑤ Mélanger le carré frais au reste du fromage blanc. Recouvrir tout le gâteau-sandwich en le tartinant généreusement. Lisser à la spatule avant de décorer le tour du gâteau-sandwich avec la ciboulette disposée comme des brins d'herbe.

⑥ Décorer le haut du gâteau avec les tomates cerise. Par exemple les couper en deux et les relier par des brins de ciboulette pour dessiner un bouquet de ballons.

UN AS DANS LA MANCHE

• Pour gagner du temps, utiliser du concombre au fromage blanc tout prêt, vendu en barquette. La ciboulette, longue à appliquer tout autour du gâteau, peut être remplacée par de petits haricots extrafins en conserve.

• Le pain polaire s'achète dans des épiceries spécialisées et en grandes surfaces. Mais le pain de mie fait aussi bien l'affaire.

Variante

On peut remplacer le saumon par du jambon blanc et les concombres par des radis coupés en rondelle. Le pain polaire étant très moelleux, veiller à choisir au moins une garniture croquante pour conserver le contraste des textures.

Pour une décoration plus festive, penser aux œufs de saumon ou de lump.

La tourte préférée d'Arlequin

Cette tourte-là en jette, n'est-ce pas ? On n'a rien sans rien, c'est la recette la plus délicate de tout le livre. Pour en maîtriser le tressage, il faut un peu de doigté. Mais quand on voit le résultat, ça motive. Prêt pour toucher le jackpot ?

6 personnes

Préparation : 1 heure
Cuisson : 30 mn

Ingrédients

- 2 pâtes feuilletées pur beurre
- 1 poivron vert, 1 rouge, 1 jaune, 1 orange
- 1 jaune d'œuf
- 2 tranches de jambon cru
- 2 pommes de terre cuites
- 200 g de cheddar râpé

Accessoires

- Deux ou trois packs de glace
- Une règle
- Un couteau bien aiguisé

Préparation

① Etaler les deux pâtes. Réserver la première au réfrigérateur sur une planche à découper peu épaisse, recouverte de papier sulfurisé. Mettre la seconde dans un moule, piquer la pâte avec une fourchette. Y disposer les tranches de jambon, recouvrir de tranches de pommes de terre et répartir le cheddar dessus. La base de la tourte est prête.

② Couper les poivrons en bâtonnets d'un centimètre de large. Poser la planche avec la pâte sur les packs de glace. Avec un couteau et en s'aidant de la règle, découper des lanières de pâte d'un cm de large sur toute la longueur en partant de 2 cm du bord.

③ Relever la première bande, la troisième, et toutes les bandes impaires. Disposer les bâtonnets de poivron vert en formant une ligne. Remettre les bandes impaires en place et relever les bandes paires. Disposer les bâtonnets de poivron rouge en formant une ligne. Remettre les bandes paires en place et relever les impaires. Poursuivre jusqu'au bout en alternant les couleurs de poivron.

④ Faire glisser délicatement la pâte tressée sur la base de la tourte. Souder les bords en les pinçant. Faire cuire 30 mn dans un four préchauffé à 200 °C.

UN AS DANS LA MANCHE

Les packs de glace facilitent le découpage et la manipulation de la pâte en la gardant froide.

Les tartelettes hypnotiques

Ces tartelettes vitaminées vous font de l'œil ? Normal, elles sont belles à croquer ! Et le plus beau, c'est qu'elles sont plus faciles à faire qu'elles n'en ont l'air. Il suffit juste de connaître la technique. Laissez-vous guider pas à pas.

4 personnes

Préparation : 40 mn
Cuisson : 30 mn

Ingrédients

- 1 pâte brisée pur beurre
- 2 carottes
- 1 courgette
- 1 œuf
- 1 cuillère à café de moutarde
- 10 cl de crème liquide
- 2 tranches de jambon cuit
- Sel, poivre

Accessoires

- Une mandoline ou, à défaut, un économe à large lame
- Une petite bouteille en plastique

Préparation

① Étaler la pâte brisée dans 4 moules à tartelettes. Piquer le fond avec une fourchette. Porter une casserole d'eau à ébullition.

② Détailler les légumes en bandelettes les plus larges possibles à l'aide de la mandoline ou de l'économe. Précuire les lanières 2 mn dans l'eau chaude.

③ Découper le jambon en longueur, pour obtenir des bandes de la même largeur que celles des légumes.

④ Superposer les bandes de jambon, de carotte et de courgette en les alternant de façon à former une sorte de mille feuilles coloré. Prévoir autant de mille feuilles que de tartelette. Enrouler le mille feuilles en un rouleau bien serré jusqu'à ce qu'il ait le même diamètre que les tartelettes. Dresser les rouleaux au centre de chaque tartelette.

⑤ Verser l'œuf battu, la moutarde et la crème fraîche salée et poivrée dans la petite bouteille. Secouer et verser entre les bandelettes. Faire cuire 30 mn dans un four préchauffé à 180 °C.

UN AS DANS LA MANCHE

Si vous n'avez pas de mandoline, coupez les carottes en deux dans le sens de la longueur avant de les détailler en bandes larges avec l'économe.

Le cake poire au chocolat

**Poire et chocolat... Ces deux-là s'entendent comme larrons en foire.
Mais bien souvent l'un des deux domine. Ici, les deux comparses sont mis l'un et l'autre à l'honneur.**

6-8 personnes

Préparation : 20 mn
Cuisson : 45 mn

Ingrédients

- 4 œufs
- 3 poires
- 100 g de sucre
- 200 g de farine
- 10 cl de crème fraîche
- 150 g de beurre
- 150 g de chocolat noir
- 1 cuillère à café de bicarbonate de soude

Accessoires

- Un moule à cake en silicone
- Une douzaine de piques à brochettes en bois

Préparation

① Fouetter les œufs avec le sucre, puis la crème. Ajouter progressivement la farine et le bicarbonate de soude, puis le beurre fondu tout en remuant. Casser le chocolat en carrés et le faire fondre au micro-ondes avant de l'incorporer.

② Verser la pâte dans le moule. Couper la base des poires. Les éplucher sans enlever le pédoncule et les répartir dans le moule en les posant bien droites. Il faut que le pédoncule et le haut du fruit émergent de la pâte.

③ Faire cuire 45 mn dans un four préchauffé à 150 °C.

UN AS DANS LA MANCHE

Avant d'enfourner le gâteau, empêcher les poires de basculer en disposant les piques en bois en quadrillage, en équilibre sur les bords du moule.

Les soufflés glacés aux myrtilles

Ils ont belle allure, ces petits soufflés qui dépassent généreusement de leur moule. La chance vous sourit, ils sont très faciles à faire, moyennant une petite astuce.

6 personnes

Préparation : 15 mn
Cuisson : 15 mn
Prise en glace : 2 heures minimum

Ingrédients

- 400 g de myrtilles congelées
- 250 g de sucre
- 10 cl d'eau
- 25 cl de crème fraîche liquide entière très froide
- 5 blancs d'œufs

Accessoires

- Un mixeur
- Un fouet
- Six petits moules droits
- Six élastiques
- Six bandes de papier sulfurisé de 8 cm de large, suffisamment longues pour entourer les moules

Préparation

① Verser le sucre et l'eau dans une casserole, porter à ébullition et laisser réduire 7 mn pour obtenir un sirop. Laisser refroidir.

② Mixer les fruits et les mélanger au sirop.

③ Fouetter la crème liquide pour la monter en chantilly. L'incorporer à la préparation pour obtenir une mousse.

④ Entourer chaque moule avec une bande de papier sulfurisé en la faisant dépasser de 5 cm. Maintenir la bande à l'aide d'un élastique, ou en l'agrafant.

⑤ Verser la mousse dans les moules en la faisant dépasser des bords de 3 cm. Laisser au moins 3 heures au congélateur. Retirer les bandes de papier avant de servir.

UN AS DANS LA MANCHE

Prendre des moules bien droits, non coniques, pour mieux fixer les bandes de papier.

On soigne
la mise en scène

LA CUISINE ★ AU BLUFF

3

Tapis !

Le mojito de la reine des glaces

Un apéritif entre amis, c'est le moment de dégainer l'une des recettes les plus bluffantes de ce livre : un granité de mojito servi dans une coupe de glace. Une fois encore, cette double recette ne requiert aucun savoir-faire particulier, juste de l'anticipation.

6 personnes

Coupe : 5 mn + temps de prise en glace (2 h + une nuit)
Granité de mojito : 10 mn + 2 h de prise en glace
Repos : préparer la coupe de glace la veille

Ingrédients

- Pour la coupe : eau, quelques feuilles de menthe, 1 dizaine de rondelles de citron jaune et vert non traité.
- Pour le mojito : 1 litre de soda mojito, 25 cl de rhum blanc, 1 trentaine de feuilles de menthe, 6 rondelles de citron vert coupées en 4.

Accessoires

- Deux saladiers de forme semblable mais de taille différente (idéalement 20 et 24 cm de diamètre).

Préparation

① Verser de l'eau au fond du plus grand des saladiers, sur 2 cm. Placer une ou deux rondelles de citron et une ou deux feuilles de menthe à plat au fond du saladier. Mettre le saladier au congélateur 2 heures, bien à plat, pour laisser la glace prendre.

② Poser le petit saladier dans le grand en le centrant sur la couche de glace, et remplir d'eau le grand saladier aux trois-quarts. Disposer les rondelles de citron et les feuilles de menthe dans l'espace entre les deux saladiers. Les placer une nuit au congélateur ou au freezer, bien à plat.

③ Démouler la coupe de glace en versant de l'eau tiède dans le petit saladier et en le faisant pivoter. Puis faire tremper le grand saladier dans l'évier rempli d'eau tiède pour pouvoir le décoller à son tour. Réserver la coupe de glace au congélateur jusqu'au moment de servir le cocktail.

④ Verser le soda mojito dans des bacs à glaçon et laisser prendre au moins 2 heures au congélateur ou au freezer. Démouler les glaçons dans un blender et ajouter le rhum. Mixer jusqu'à obtention d'un granité. Le verser dans la coupe de glace, ajouter des feuilles de menthe et des rondelles de citron coupées en 4 et servir à la louche.

Variante

Cette coupe de glace peut aussi être décorée avec d'autres fruits (tranches de fraises et de caramboles, groseilles et myrtilles...), des herbes aromatiques, des fleurs (pétales de rose, tiges de lavande, capucines...). Veiller à les prendre non traités et comestibles. Spectaculaire pour servir un entremet glacé ou une salade de fruits.

Le pain hérisson, l'as des pains surprise

Des surprises, ce pain qu'on sert à l'apéritif en réserve plusieurs. Il se picore sous forme de lichettes, faciles à prélever avec les doigts. Chacune d'elles est imprégnée à cœur de sauce ou de fromage. La garniture se cache dans ses sillons. Facile à faire, surprenant et ultraconvial, le pain hérisson cache bien son jeu.

4-6 personnes

préparation : 15 mn
cuisson : 20 mn à 180 °C

Ingrédients

- 1 pain de campagne
- 300 g de gorgonzola
- 1 grosse poignée de lardons
- 1 quinzaine de tomates cerise
- 1 cuillère à soupe d'origan

Préparation

① Couper le pain en tranches de 1,5 cm dans le sens de la longueur, puis de la largeur, sans le trancher totalement.

② Garnir les fentes de gorgonzola, de lardons, d'origan. Disposer les tomates cerise presque à la surface du quadrillage.

③ Envelopper de papier alu et enfourner 15 mn à 180°C, puis poursuivre la cuisson 5 mn en découvrant la surface du pain.

Variante

On peut varier à l'infini les garnitures de ce « pain à arracher », comme le surnomment les Anglais (pull-apart bread). Prévoir une sauce et/ou un fromage (en bâtonnet, en lanière ou à tartiner) : crème fraîche, ketchup, pesto, sauce barbecue, tapenade, emmental, mozzarella, cheddar. Choisir un condiment et/ou une épice : ail, oignon vert, câpres, olives, mais aussi jambon, bacon, graines de tournesol, ciboulette, persil…

La tarte 1-2-3 soleil !

Les tartes-soleil ont le vent en poupe. Conviviales par excellente, elles se dévorent avec les doigts, rayon par rayon. À décliner selon vos envies, en sucré, en salé ou les deux mélangés comme ici, où un fromage coulant à souhait rend la recette encore plus gourmande.

4 personnes

préparation : 10 mn
cuisson : 30 mn

Ingrédients

- 2 pâtes feuilletées rondes, pur beurre
- 1 petit pot de compote à la rhubarbe (la framboise, c'est très bien aussi !)
- 1 livarot
- 1 jaune d'œuf
- Des graines de pavot pour le décor

Accessoires

- Un pinceau de cuisine
- Une roulette à pizza ou un couteau bien tranchant

Préparation

① Étaler la première pâte sur la plaque de cuisson recouverte de papier sulfurisé. Tartiner de compote. Recouvrir avec la deuxième pâte, en les ajustant soigneusement. Souder les bords en appuyant sur tout le pourtour à l'aide d'une fourchette.

② Évider le centre en se servant du couvercle de la boîte de livarot comme d'un emporte-pièce. Couper la tarte en 4, puis chaque partie en 2, et enfin en 3, pour former les rayons du soleil, en s'arrêtant à 2 cm du centre. Torsader les 24 rayons sans les détacher.

③ Badigeonner les rayons avec un pinceau trempé dans un jaune d'œuf et saupoudrer de graines de pavot. Enfourner dans un four préchauffé à 180 °C pour 30 mn de cuisson. Au bout de 20 mn, disposer au centre de la tarte le livarot dépouillé de son emballage papier et replacé dans sa boîte, couvercle ôté. Servir dès que le livarot commence à fondre.

UN AS DANS LA MANCHE

Avant de découper les rayons de la tarte, la laisser au réfrigérateur quelques minutes pour la rigidifier et faciliter l'opération.

Les pizza balls

Adoptez la finger attitude en préparant un dîner où tout se mange avec les doigts !
La finger food offre une variété infinie de petits plats vite cuisinés.
Ludique et pleine de surprises, la pizza ball en est un parfait exemple.

4 personnes

préparation : 15 mn
cuisson : 20 mn à 200 °C

Ingrédients

- 1 pâte à pizza
- 10 cuillères à café de coulis de tomate
- 10 pincées d'emmental râpé
- 1 trentaine d'allumettes de jambon
- 10 pincées d'origan
- 1 jaune d'œuf (ou un peu de lait) pour la dorure

Accessoires

- Un pinceau en silicone

Préparation

① Étaler la pâte à pizza. Découper des cercles à l'aide d'un verre de 7 cm de diamètre.

② Déposer une cuillère à café de coulis au centre de chaque cercle, parsemer d'emmental, de jambon et d'origan.

③ Relever les bords des cercles et les rabattre en les pinçant pour les souder. Rouler délicatement chaque sphère dans la paume des mains pour façonner les pizza balls.

④ Dorer au pinceau avec le jaune d'œuf (ou le lait) et faire cuire les pizza balls 20 mn au four préchauffé à 200 °C, soudure tournée vers le haut.

Variante

Pour la garniture, tous les ingrédients peuvent convenir : champignons, olives, mozzarella, ananas, etc.

Vous trouverez d'autres recettes de finger food dans ce livre (pain-hérisson, tarte-soleil, mousse de sardines, dés de légumes, rillettes au chorizo, flans de camembert...)

La mousse de sardines en boîte

C'est la recette qui fait les fonds de placard par excellence. Il n'empêche, son succès est garanti. Il repose sur la qualité des sardines choisies et sur une présentation simple mais originale.

4-6 personnes

préparation : 5 mn

Ingrédients

- 1 boîte de sardines à l'huile
- 50 g de fromage de chèvre frais
- Le jus d'un citron (ou jus de citron en bouteille)
- 1 pincée de piment
- 1 paquet de gressins

Préparation

① Ouvrir soigneusement la boîte à sardines et la conserver. Égoutter les sardines sans enlever toute l'huile, les écraser à la fourchette.

② Ajouter le fromage et le piment, mélanger. Arroser avec le jus de citron. Saler au besoin.

③ Disposer la mousse dans la boîte. Y planter quelques demi-gressins.

UN AS DANS LA MANCHE

Choisir des sardines sans arrêtes, à l'huile d'olive, dans une jolie boîte. Si le couvercle reste en partie soudé à la conserve, la présentation est encore plus réussie. Les gressins aux herbes de Provence ou aux grains de sésame apportent une touche d'originalité supplémentaire.

Citron
CONNETABLE
au Citron

Variante

La salade en bocal se décline à l'infini. Garder quelques principes de base : des crudités, des féculents tels que les céréales (grains de blé, mais aussi semoule, boulgour ou le traditionnel riz), les pommes de terre ou les pâtes, des morceaux de viande froide, poisson ou crevettes, des petites feuilles de salade (épinard, roquette, cœur de laitue...).

La salade, une agitée du bocal

Pour faire le show avec une salade composée, il faut se lever de bonne heure. À moins de ruser en la présentant et en la servant de façon très inhabituelle. Il suffit pour cela de détourner de son usage un accessoire ordinaire. Impressionner avec une simple salade devient alors enfantin !

4 personnes

préparation : 10 mn
(+ 10 mn pour cuire le blé)

Ingrédients

- 1 douzaine de tomates cerise de couleurs différentes
- 1 douzaine de billes de mozzarella
- 150 g de jambon découpé en allumettes
- 1 demi-courgette taillée en tagliatelles avec un économe
- Des olives noires en rondelles
- 6 cuillères à soupe de blé cuit en grains (de type Ebly)
- 2 poignées de petites feuilles d'épinard
- 4 cuillères à soupe de pesto vert

Accessoires

- Un bocal à bonbon.
  On peut aussi prendre un gros bocal de conserve en verre. Il faut alors multiplier les quantités par deux.

Préparation

① Saler et poivrer le pesto, l'allonger avec la même quantité d'eau. Le verser au fond du bocal.

② Disposer tous les ingrédients couche par couche. Commencer par les tomates cerise, continuer avec les billes de mozzarella. Placer par-dessus les feuilles d'épinard bien à plat.

③ Sur ce plancher, déposer à la cuillère les grains de blé passés sous l'eau froide. Ajouter une couche de jambon, puis les tagliatelles de courgettes. Terminer avec les olives surmontées de quelques feuilles d'épinard. Le récipient ne doit pas être tout à fait plein.

④ Déposer le bocal fermé sur la table. L'agiter pour mélanger les ingrédients juste avant de servir.

UN AS DANS LA MANCHE

• Pour éviter les traces sur les parois du récipient lors de la présentation, la sauce doit être versée délicatement au fond. Les céréales doivent reposer sur les feuilles de salade pour ne pas se mélanger aux autres couches.

Décrochez la timbale !

Parfois il ne faut pas grand-chose pour passer pro. Cela tient à un petit bout de métal. Avec un cercle, en un tournemain vous obtenez des timbales parfaites. Stylé !

6 personnes

préparation : 15 mn

Ingrédients

- 150 g de saumon fumé en morceaux
- 1/2 concombre bio
- 1 boîte de 170 g de chair de crabe
- 1 barquette de 150 g de fromage frais à tartiner
- Quelques brins de ciboulette
- 1 demi-douzaine de radis roses

Accessoires

- Un cercle de 8 cm de diamètre avec poussoir

Préparation

① Couper le concombre en petits dés sans l'éplucher. Le mélanger à la chair de crabe. Incorporer le fromage frais.

② Couper les radis en fines rondelles. Les disposer debout contre les parois du cercle posé sur l'assiette de service.

③ Remplir le cercle aux trois-quarts avec le mélange concombre crabe. Tasser avec le poussoir. Déposer le saumon fumé tout en haut du cercle. Démouler et décorer avec la ciboulette.

UN AS DANS LA MANCHE

Les cercles sont parfois vendus en lot de plusieurs diamètres. L'investissement est vite amorti. Ils sculptent élégamment l'accompagnement d'une viande (riz, légumes, les deux combinés, etc) mais aussi les desserts.

Variante

On peut remplacer le saumon fumé par de petites crevettes roses.

Les spaghetti de légumes aux herbes

Vite, une idée d'entrée ! Un plat original, diététique, beau à regarder, rapide à préparer, pour des convives difficiles à impressionner, qui se préoccupent de leur santé. Vous avez deux ou trois légumes sous la main ? Un bouillon de poulet, quelques herbes aromatiques ? Moyennant une petite mise en scène, vous voilà sauvé !

4-6 personnes

préparation : 15 mn
cuisson : 10 mn

Ingrédients

- 2 carottes
- 1 courgette
- 1 litre de bouillon de poulet (à défaut, en préparer un avec un cube aromatique)
- 1 pincée d'épices : par exemple de la muscade, du curcuma ou du curry.
- Quelques brins de persil, de coriandre ou de ciboulette

Préparation

① Éplucher les carottes et la courgette et les tailler en spaghetti.

② Mettre le bouillon de poulet assaisonné dans une casserole et le porter à ébullition. L'épicer et y faire pocher les spaghetti de légumes durant 3 minutes. Les retirer avec un écumoire. Remplir la théière avec le bouillon, disposer les herbes à l'intérieur et laisser infuser.

③ Servir les spaghetti de légumes encore croquants dans des bols et verser le bouillon très chaud dessus, devant les convives.

Accessoires

- Une théière transparente (à défaut, un pichet en verre)
- Un taille-légumes à spaghetti

Variante

On peut choisir une plante aromatique moins classique pour parfumer le bouillon, comme de la verveine citronnée.

UN AS DANS LA MANCHE

• Une carcasse de poulet mise à cuire dans un litre d'eau salée pendant une demi-heure et l'on obtient un bouillon fait maison qui peut sauver la mise. Le laisser refroidir, le filtrer et le conserver au congélateur.

• La théière transparente n'apporte rien à la recette mais le ballet des herbes dans le bouillon participe à la mise en scène...

• Prendre une courgette bio. Pas besoin de la peler et sa peau verte fera de l'effet dans l'assiette.

Le ceviche à l'ananas

Présenter un plat dans un ananas évidé, c'est un grand classique auquel on ne pense pas toujours. Pour un ceviche, c'est un récipient parfait. Cette spécialité d'Amérique latine, à base de poisson mariné dans du jus de citron vert, se sert froide.

4 personnes

Préparation : 10 mn

Ingrédients

- 1 ananas
- 200 g de saumon cru coupé en dés
- 2 citrons verts bio
- 1 oignon rouge taillé en dés
- 2 cuillères à soupe de noix de coco râpée

Accessoires

- Un coupe ananas qui épluche le fruit et en retire le cœur fibreux. L'investissement vaut le coup.
- Une râpe
- Un presse-citron

Préparation

① Râper un des citrons verts. Presser les deux citrons et réserver le jus.

② Éplucher l'ananas et le couper en dés. Les mélanger avec le saumon, la noix de coco, l'oignon et le jus de citron. Saler.

③ Couper l'écorce de l'ananas en deux dans le sens de la longueur. Y déposer la préparation. Parsemer de zeste de citron vert.

UN AS DANS LA MANCHE

- Quelques feuilles de coriandre fraîche relèveront ce plat.
- On peut laisser le saumon mariner seul dans le jus de citron une heure avant d'ajouter les autres ingrédients. L'acidité de l'agrume cuira le poisson à froid.

Les petits farcis de conchiglioni

Ces pâtes en forme de coquillage servent d'écrins gourmands à toutes vos préparations. Le secret pour tirer le meilleur parti de leur jolie silhouette ? Il y en a trois : ne pas les faire trop cuire, les égoutter avec précaution pour qu'elles gardent leur forme. Et enfin les disposer bien droites, sur un lit de sauce, dans l'assiette.

4-6 personnes

préparation : 10 mn
cuisson : 20 mn

Ingrédients

- Une trentaine de conchiglioni
- 1 petit bouquet de brocoli détaillé en fleurettes
- 200 g de veau hâché
- 1 échalotte, 1 gousse d'ail émincée
- 75 g de lardons
- 100 g de trompettes des morts
- 6 cuillères à soupe de sauce aux légumes toute prête

Préparation

① Cuire les conchiglioni et le brocoli dans une grande casserole d'eau portée à ébullition. Compter de 8 à 10 minutes de cuisson. À l'aide d'une écumoire, poser délicatement les pâtes sur un torchon. Égoutter le brocoli.

② Pendant ce temps, faire fondre l'échalotte à la poêle quelques minutes avec les lardons, sans huile. Ajouter les champignons et l'ail, laisser rissoler 5 minutes, puis mélanger avec la viande hâchée et remettre à cuire 10 mn.

③ Mélanger avec les fleurettes de brocoli, saler et poivrer. En farcir les conchiglioni. Déposer plusieurs cuillères de sauce sur le plat de service et y disposer ces petits farcis. Réchauffer au micro-ondes avant de servir.

Variante

On peut remplacer le brocoli par des carottes ou des fèves, et la sauce aux légumes par de l'houmous. Si ce n'est pas la saison des trompettes, des champignons de Paris feront l'affaire.

UN AS DANS LA MANCHE

Choisir une sauce un peu épaisse pour maintenir les conchiglioni en équilibre dans l'assiette.

Les fruits en arc en ciel

Pas envie de pâtisser ? Un peu poète sur les bords ? Partant pour faire rimer diététique et esthétique ? Voilà un dessert survitaminé, plein de fraîcheur et hypercoloré, qui devrait flatter les pupilles et ravir le palais.

4 personnes

Préparation : 20 mn.

Ingrédients

- 1 quart de pastèque
- 1 demi-melon charentais (chair orange)
- 1 quart de melon Galia (chair verte)
- 1 mangue
- 4 ou 5 figues fraîches
- 100 g de myrtilles
- Quelques kumquats
- Le jus d'1 citron

Préparation

① Couper la pastèque, les melons et la mangue en fines tranches. Ôtez l'écorce.

② Lavez les kumquats et les figues avant de les tailler en fines rondelles.

③ Disposer les fruits par couleur dans une grande assiette en partant du rouge (pastèque) jusqu'au bleu foncé (myrtilles) en passant par le orange (melon charentais), le jaune orangé (mangue et kumquats), le vert (melon Galia) et le violet (figues).

④ Arroser avec le jus de citron et placer au réfrigérateur avant de servir.

UN AS DANS LA MANCHE

- Pour faciliter la coupe, on peut mettre les fruits au réfrigérateur une heure avant de les trancher.
- Pour plus de fun, on peut saupoudrer le plat de noix de coco râpée.

Variante

Vous l'aurez compris, ça marche avec tous les fruits, à condition de respecter les couleurs de l'arc-en-ciel. Pour donner un air de fête à ce dessert, on peut utiliser exclusivement des fruits exotiques tels que la papaye, la physalis, le carambol, la grenade.

La fondue au caramel

À lui seul, l'intitulé de la recette fait craquer. Le plat tient parfaitement ses promesses, avec la belle onctuosité du caramel qui contraste avec la fraîcheur des fruits, et la petite pointe de sel qui titille les papilles. Ses effluves sont divines, sa dégustation ludique. Personne ne peut y résister.
Avec cette fondue, c'est si facile de faire et de se faire plaisir.

4-6 personnes

préparation : 10 mn
cuisson : 15 mn

Ingrédients

- 25 cl de crème fraiche épaisse
- 50 g de sucre en poudre
- 50 g de beurre salé bien froid
- 2 pommes
- La chair d'un demi-ananas coupée en morceaux (ou ananas en boîte)
- 1 banane
- 1 citron
- Quelques tranches de pain d'épices

Accessoires

- Un caquelon, un réchaud à bougie et des piques à fondue

Préparation

① Peler et couper les pommes en dés, éplucher et trancher la banane en rondelles. Disposer chaque fruit dans une coupelle. Les arroser de jus de citron. Découper le pain d'épices en morceaux.

② Faire fondre le sucre dans le caquelon mis à chauffer à feu doux sur la cuisinière. Lorsqu'il s'est transformé en caramel, ajouter le beurre hors du feu, morceau par morceau, en mélangeant vigoureusement. Remettre à chauffer le caquelon et y verser la crème fraîche sans cesser de mélanger jusqu'à ce que le caramel frémisse.

③ Déguster la fondue placée sur son réchaud, avec les fruits et le pain d'épices.

UN AS DANS LA MANCHE

Si le caramel peine à prendre, on peut ajouter une petite cuillère à café d'eau au sucre dans le caquelon.

Le nuage de cappuccino

**Un dessert étonnamment parfumé, beau à regarder, savoureux à déguster.
Avec une texture et un goût uniques qui reposent sur une série d'astuces... comme de faire fondre une glace au café pour obtenir instantanément une crème, ou de cuire des œufs en neige au micro ondes pour modeler le nuage.**

6 personnes

Préparation : 15 mn

Ingrédients

- 200 g de glace au café
- 4 œufs + 2 blancs d'œufs
- 1 pincée de sel
- 20 g de sucre en poudre
- 2 cuillères à café de poudre de cacao noir

Accessoires

- Un batteur

Préparation

① Décongeler la glace en la passant 2 mn au micro-ondes à la puissance maximale. La mélanger avec les jaunes d'œufs.

② Monter en neige les blancs d'œufs bien froids additionnés de sel, avec le batteur. Incorporer les 2/3 des blancs à la crème au café. Répartir dans des mugs transparents.

③ Mélanger délicatement le tiers des blancs en neige restant avec 20 g de sucre en poudre. Disposer les blancs en petits nuages circulaires (du diamètre des mugs) et cuire 30 secondes au micro ondes à la puissance maximale. Disposer un nuage sur chaque mug au sommet de la crème.

④ Juste au moment de servir, tamiser un peu de cacao sur les nuages.

UN AS DANS LA MANCHE

Garder le saladier et les blancs d'œufs au frais jusqu'au dernier moment pour monter les blancs en neige plus facilement.

CAFE
CAFE

Ingrédients inhabituels ou détournés

4

Main gagnante

Les petits flans au camembert

Mi-flans, mi-soufflés, ces petites préparations au camembert ne manquent pas d'air. Elles flattent d'abord l'odorat par leurs effluves fromagères. Leurs rondeurs dorées ciblent ensuite vos prunelles. Enfin leur saveur à la fois douce et puissante comble les papilles tandis que leur texture fondante se fait velours au palais.

6 personnes

Préparation : 5 mn
Cuisson : 15 mn

Ingrédients

- 1 camembert bien fait
- 4 œufs
- 20 cl de crème liquide entière
- 10 cl de lait

Accessoires

- Un mixeur de type blender

Préparation

① Couper le camembert en morceaux. Les disposer dans le bol du mixeur avec les autres ingrédients. Mixer 2 à 3 minutes.

② Verser la pâte obtenue dans des ramequins huilés. Laisser cuire 15 mn dans un four préchauffé à 200 °C. Servir dans les ramequins avec quelques feuilles de salade.

UN AS DANS LA MANCHE

Une recette toute bête pour cette petite bombe gustative (et calorique !). Se marie très bien avec de la roquette.

Quand les légumes jouent aux dés

Ludiques et frais, ces petits dés colorés raflent la mise.
Avec eux, le fun se cuisine.

6 personnes

Préparation : 1 mn
Cuisson : 2 mn
Repos : 2 heures

Ingrédients

- 20 cl de gaspacho ou toute soupe froide
- 2 g d'agar-agar

Préparation

① Verser la soupe dans une casserole et y délayer l'agar-agar. Porter à ébullition et laisser cuire 2 mn en remuant le mélange avec une cuillère en bois.

② Mettre dans un bac à glaçon et placer au réfrigérateur 2 heures. Démouler et servir en amuse-gueule.

UN AS DANS LA MANCHE
Associer des soupes rouges, orange, vertes pour varier les plaisirs.

Le carpaccio de courgettes

Découvrez une autre façon de déguster la courgette.
Servie en carpaccio, elle est croquante et rafraîchissante.
Un plat simple mais peu commun, savoureux et léger. Vous allez être étonné… et plébiscité !

4-6 personnes

Préparation : 10 mn

Ingrédients

- 1 courgette
- 1 petite tomate
- 1 poignée de pignons de pin (ou graines de tournesol)
- Le jus d'un citron
- Huile d'olive

Accessoires

- Une mandoline ou un appareil électrique pour trancher les crudités
- Une râpe

Préparation

① Éplucher la courgette si elle n'est pas bio. La découper en tranches très fines, si possible à l'aide d'une mandoline ou d'un trancheur électrique.

② Disposer les tranches de courgettes sur un grand plat en les faisant se chevaucher légèrement. Arroser de jus de citron et d'un filet d'huile d'olive. Râper la tomate sur la courgette. Saler et garnir de pignons.

③ Filmer le plat et le garder au réfrigérateur jusqu'au moment de servir.

UN AS DANS LA MANCHE

• On peut relever ce plat en remplaçant le sel par du parmesan. Et si l'on torréfie les pignons à sec dans une poêle chaude durant une minute, c'est encore meilleur.

• Râper la tomate est un moyen simple de séparer la pulpe de la peau.

Les rillettes de chorizo

**Elles font l'unanimité et se dégustent aussi vite qu'elles se préparent.
Ces rillettes ne manquent pas de caractère et se déclinent en version douce ou pimentée.**

6 personnes

Préparation : 10 mn

Ingrédients

- 100 g de chorizo, doux ou fort suivant votre goût
- 70 g de fromage frais à tartiner
- 3 cuillères à soupe de coulis de tomate
- 1 cuillère à café de concentré de tomate

Accessoires

- Un mixeur

Préparation

① Fendre légèrement le chorizo dans la longueur pour pouvoir en ôter facilement la peau. Le couper en fines tranches.

② Mélanger le chorizo, le fromage et la tomate. Mixer par petites quantités et servir avec du pain tranché ou des crudités.

UN AS DANS LA MANCHE
Une recette de finger food à déguster avec les doigts.

Le surprenant tatin de betteraves

Comblez les palais les plus blasés avec ce tatin aigre-doux, généreux en betteraves. Saisies dans un miel épicé, confites dans du jus d'orange, elles sont caramélisées avec du vinaigre balsamique. Qui a dit que les betteraves étaient fades et ennuyeuses ?

6-8 personnes

Préparation : 15mn
Cuisson : 22 mn + 30 mn

Ingrédients

- 4 betteraves cuites
- 1 pâte brisée pur beurre
- 2 cuillères à soupe de miel épicé (curcuma, coriandre, gingembre… il existe des mélanges tout prêts)
- 100 ml de jus d'orange
- 2 cuillères à soupe d'huile d'olive
- 3 cuillères à soupe de vinaigre balsamique
- 2 échalotes
- Sel, poivre

Accessoires

- Un moule à tarte (les proportions sont données pour une tarte de 30 cm de diamètre)

Préparation

① Couper les betteraves en huit quartiers. Les saisir 5 mn à feu vif dans une grande poêle avec le mélange miel et huile. Ajouter le jus d'orange, saler et laisser mijoter 15 mn à feu moyen. Arroser de vinaigre balsamique, laisser réduire 2 mn.

② Beurrer un moule à tarte et disposer en cercle serré les quartiers sur le côté bombé. Pendant ce temps, saisir les échalotes émincées dans la cocotte avec le restant de jus.

③ Arroser les betteraves du mélange jus-échalotes. Les recouvrir avec la pâte, en rentrant les bords à l'intérieur du moule. Enfourner, à four chaud, pour 30 mn à 200 °C.

④ Renverser la tarte tatin dès la sortie du four sur le plat de service. Attendre quelques minutes avant d'enlever le moule.

UN AS DANS LA MANCHE

Pour le fun, ajouter une petite touche de vert en parsemant la tarte de feuilles de basilic, de pistaches concassées ou même de cacahuètes enrobées de wasabi.

Le canard persan à la grenade

Cette recette iranienne connue aussi sous le nom de Fesenjàn met à l'honneur un fruit peu utilisé en cuisine : la grenade. Son jus contrebalance l'amertume des noix qui donnent de l'onctuosité à la sauce. Un plat exotique original et goûteux, facile et rapide à faire.

4-6 personnes

Préparation : 5 mn
Cuisson : 50 mn

Ingrédients

- 1 canard découpé en morceaux
- 2 oignons émincés
- 1 cuillère à café de cannelle
- Quelques graines de cardamome
- 50 cl de jus de grenade
- Le jus d'un demi citron
- 250 g de poudre de noix
- 4 cuillères à soupe de sucre
- Sel, poivre

Variante

On peut remplacer le canard par du poulet.

Préparation

① Faire dorer les morceaux de canard et les oignons dans une cocotte. Ajouter le jus de grenade, la poudre de noix, le sucre et les épices. Laisser mijoter 45 mn à feu doux.

② Dix minutes avant la fin de la cuisson, saler, poivrer et verser le jus de citron dans la cocotte. Servir avec du riz, en égrenant la demi-grenade sur la viande.

UN AS DANS LA MANCHE

• Comme pour toutes les viandes bouillies, la couleur de ce plat est plutôt terne. Lui redonner de l'éclat en parsemant des dés de potiron cuit et des graines de grenade juste avant de servir.

• Pour prélever aisément les graines d'une grenade, couper le fruit en deux, écarter légèrement les « quartiers » à la main, et taper vigoureusement sur l'écorce avec le dos d'une cuillère.

Les tenders au curly fondus de tomate

Utiliser des curly comme panure, il fallait y penser. Ainsi préparé, le poulet est à peine salé et adopte un petit goût subtil d'arachide que tout le monde adore. Et si vous associez ces bâtonnets dorés à une fondue à la tomate, vous raflez la mise !

4 personnes

Préparation : 5 mn
Cuisson : 15 mn

Ingrédients

- 2 blancs de poulet
- 150 g de curly (ou autre snack soufflé à la cacahuète)
- 2 œufs
- ½ verre à moutarde d'huile d'arachide

Préparation

① Mixer grossièrement les curly et disposer la poudre obtenue dans une assiette creuse. Battre les deux œufs dans une autre assiette creuse.

② Couper les blancs de poulet en aiguillettes. Les tremper dans l'œuf puis dans la poudre de curly avant de les faire frire à la poêle 5 mn de chaque côté. Procéder en plusieurs fournées.

UN AS DANS LA MANCHE

• Ne pas mettre toute la poudre de curly en une seule fois dans l'assiette. En rajouter au fur et à mesure des besoins.

• Ces bâtonnets se consomment accompagnés de légumes, ou bien trempés dans du beurre de cacahuète ou encore avec une fondue à la tomate.

• Pour préparer celle-ci, il suffit de mélanger 500 ml de coulis de tomate, 150 g de gruyère râpé, des herbes de Provence et une gousse d'ail écrasée dans un caquelon et de le faire chauffer à petit feu. Cette fondue vite faite se déguste aussi avec des croûtons plantés au bout d'une pique.

Variante

Ne pas mettre de sucre dans le sorbet. Le servir en boule sur une tranche de tomate salée et parsemer de pétales de mozzarella, pour revisiter le classique tomate-basilic-mozzarella.

Le sorbet au basilic

Son parfum un peu camphré et sa saveur puissante l'associent couramment aux plats salés. Pourtant son arôme allegretto peut faire merveille en dernière partie de menu. Alors, pourquoi le basilic serait-il privé de dessert ?

6 personnes

Préparation : 15 mn
Cuisson : 10 mn
Prise en glace : 1 heure

Ingrédients

- 150 g de sucre en poudre
- 2 blancs d'œufs
- 1 demi-litre d'eau
- 1 bouquet de basilic

Préparation

① Porter 40 cl d'eau à ébullition. Y verser le sucre, mélanger pour obtenir un sirop. Laisser refroidir.

② Effeuiller le basilic. Mixer les feuilles avec le restant d'eau, tout en gardant quelques feuilles pour la décoration. Mélanger avec le sirop et verser dans un bac à glaçons. Mettre le bac à glacer une heure.

③ Monter les blancs en neige puis mixer les glaçons. Incorporer délicatement les blancs au sorbet. Servir dans des coupes et décorer avec une feuille de basilic.

La coupe à l'Orangina

Voilà une petite salade pleine de fraîcheur qui fait entrer l'été dans la cuisine. Les notes douces de la verveine subliment l'acidité de l'orange et l'amertume du pamplemousse. La touche d'originalité vient du granité d'Orangina qui apporte un zeste de malice.

4 personnes

Préparation : 15 mn
Cuisson : 5 mn
Prise en glace : 2 h

Ingrédients

- 500 g de quartiers d'orange et de pamplemousse rose congelés (mélange tout prêt)
- 1 petite bouteille d'Orangina
- 20 cl d'eau
- 50 g de sucre en poudre
- 1 dizaine de feuilles de verveine (ou un sachet d'infusion verveine)

Accessoires

- Un mixeur de type blender

Préparation

① Remplir un bac à glaçons d'Orangina. Le laisser 2 heures au congélateur.

② Faire chauffer l'eau avec le sucre dans une casserole. Ajouter la moitié des feuilles de verveine (ou un sachet) et laisser infuser 3 minutes. Lorsque l'infusion est tiède, y plonger les agrumes et les laisser quelques instants. Égoutter les fruits et les disposer dans des coupes.

③ Mettre les glaçons d'Orangina dans le blender et les piler. Verser le sorbet obtenu sur les agrumes. Décorer avec quelques feuilles de verveine.

Des recettes hyper rapides

5

Jouer la montre

La mousse de saumon 1, 2, 3

Sa texture fondante, délicatement parfumée, flatte les sens et donne à toutes les tables un air de fête. Trois minutes en cuisine, et cette recette bluffante par excellence vous vaudra une réputation de fin cordon bleu.

4-6 personnes

préparation 3 mn

Ingrédients

- 200 g de saumon fumé
- 20 cl de crème fraîche liquide entière (min 30%) très froide
- 2 cuillères à soupe d'aneth ciselée
- poivre

Préparation

① Couper grossièrement le saumon fumé. Mixer durant 10 secondes.

② Ajouter la crème fraîche, l'aneth et le poivre. Mixer durant 20 secondes.

③ Décorer avec des pluches d'aneth ou des œufs de saumon. Servir avec un pain aux céréales coupé en tranches.

UN AS DANS LA MANCHE

• Des quenelles de poisson (conditionnées sous vide), coupées en rondelles et enfournées 10 minutes à 180°C, font de petites bouchées soufflées qui se marient très bien avec cette mousse.

• On peut aussi l'accompagner avec de faux macarons réalisés avec deux chapeaux de champignons de Paris garnis de mousse de saumon et accolés bord à bord.

Les pois chiches au chorizo

Aucune difficulté particulière pour ce grand classique de la cuisine espagnole. À présenter sous son nom hispanique, garbanzos y chorizo, pour épater la galerie.

6 personnes

préparation : 10 mn
cuisson : 13 mn

Ingrédients

- 1 boîte de 400 g de pois chiches
- 1 oignon rouge
- 2 gousses d'ail
- 2 tomates
- 200 g de chorizo fort
- Persil hâché

Préparation

① Couper le chorizo et les tomates en dés. Hacher finement l'oignon et l'ail. Faire revenir l'oignon et l'ail à la poêle, dans très peu d'huile, durant 3 mn. Ajouter le chorizo et poursuivre la cuisson 3 mn.

② Ajouter les pois chiches égouttés et les tomates. Poursuivre la cuisson durant 5 mn. Saler au besoin et ajouter le persil juste avant de servir.

UN AS DANS LA MANCHE

Se déguste chaud ou froid. Le résultat est meilleur si l'on ôte la peau du chorizo et si l'on épépine les tomates.

Les tomates en croûte

Ces sphères dorées cuites à cœur cachent un trésor : une délicieuse tomate grappe finement relevée d'épices. C'est magique et pourtant c'est pas sorcier !

4 personnes

préparation : 10 mn
cuisson : 15 mn

Ingrédients

- 4 tomates grappe
- 1 rouleau de pâte feuilletée pur beurre
- 2 cuillères à soupe de mélange d'épices (par exemple curry et cumin, ou curcuma et coriandre)
- 2 cuillères à soupe d'huile d'olive
- 1 jaune d'œuf

Accessoires

- Un pinceau en silicone

Préparation

① Découper la cicatrice du pédoncule de chaque tomate avec la pointe d'un couteau et creuser légèrement le sommet avec une petite cuillère.

② Couper la pâte étalée en 4. Poser une tomate au centre de chaque part de pâte.

③ Mélanger les épices et l'huile. Déposer une petite cuillère d'huile épicée dans les cavités des tomates. Replier les bords de la pâte pour façonner une petite sphère, sans renverser les tomates. Pincer les bords pour bien les souder.

④ Badigeonner les sphères de jaune d'œuf à l'aide du pinceau. Enfourner au four préchauffé à 200 °C et laisser cuire un quart d'heure.

UN AS DANS LA MANCHE

On peut servir ces tomates en croûte avec des sucrines ou des petites laitues grillées. Il suffit de les couper en deux dans le sens de la longueur, de les huiler avec le pinceau et de les assaisonner, puis de les saisir à feu vif sur un grill en fonte, 2 mn sur chaque face.

Les aumônières poire roquefort

Les feuilles de brick se prêtent à de multiples recettes. Faciles à travailler moyennant un peu de doigté, elles font toujours de l'effet. Entre élégance et mystère, l'aumônière scelle ici le mariage raffiné de la poire et du roquefort.

4 personnes

Préparation : 15 mn

Ingrédients

- 8 feuilles de brick
- 1 poire
- 2 portions de roquefort
- 1 noisette de beurre (ou huile)

Accessoires

- Un pinceau en silicone
- Une ficelle de cuisine

Préparation

① Superposer les feuilles de brick deux par deux. Avec un pinceau, badigeonner les bords extérieur et intérieur de beurre fondu.

② Peler la poire et la découper en fines lamelles. Les égoutter dans une passoire.

③ Disposer les lamelles de poire et le roquefort émietté au centre de chaque double brick. Relever les bords pour former les aumônières. Les nouer avec de la ficelle de cuisine et les écarter en corolle.

④ Enfourner 10 mn dans un four à 180 °C.

UN AS DANS LA MANCHE

On peut ajouter quelques fruits secs concassés tels que des amandes ou des noisettes.

La moussaka Yaka

Pourquoi se priver de moussaka faute de temps ? Vous avez 10 minutes ? Essayez cette recette de moussaka express. Elle cuira sans vous embêter pendant que vous prendrez l'apéritif et servirez l'entrée. Une moussaka plus rapide à cuisiner, je n'ai pas trouvé !

6 personnes

préparation : 10 mn
cuisson : 40 mn

Ingrédients

- 500 g de steak hâché
- 600 g d'aubergines grillées en tranches surgelées
- 1 gros bocal de sauce tomate cuisinée
- 2 gousses d'ail hâchées
- 40 cl de béchamel en brique
- 100 g de gruyère râpé

Préparation

① Faire décongeler les aubergines la veille. Mélanger la viande et l'ail. Huiler un plat à gratin profond.

② Disposer une première couche d'aubergines au fond du plat. Recouvrir avec la moitié de la viande hâchée, puis verser la moitié de la sauce tomate. Recommencer à superposer une couche d'aubergines, une couche avec le reste de viande, recouvrir de sauce tomate et terminer par une couche d'aubergines.

③ Recouvrir de béchamel, parsemer de gruyère râpé. Poivrer. Enfourner à four préchauffé à 200 °C. Laisser cuire 40 mn.

UN AS DANS LA MANCHE

- Pas besoin de saler, la sauce tomate et la béchamel le sont déjà.
- Pour faire soi-même la béchamel au micro-ondes, faire fondre 30 g de beurre, y verser 30 g de farine en remuant, chauffer 30 secondes, délayer petit à petit avec 400 ml de lait en remuant avec un fouet, chauffer 2 mn, saler et mélanger vigoureusement, chauffer 3 mn en remuant encore à mi-cuisson.

Variante

Parfois je remplace le gruyère par du cheddar pour donner bonne mine à ma moussaka.

Les aubergines rôties

L'aubergine n'est pas radine. Elle donne de sa personne sans qu'on ait besoin d'en faire des tonnes. Faites-la rôtir au four et vous avez un plat diététique vegan, sans gluten, sans lactose... ou un accompagnement de caractère.

4 personnes

Préparation : 5 mn
cuisson : 40 mn

Ingrédients

- 2 aubergines
- 2 cuillères à café de curcuma
- 2 cuillères à café de paprika
- Huile d'olive

Préparation

① Couper les aubergines en deux dans le sens de la longueur. Entailler la chair au couteau en formant un quadrillage.

② Arroser d'un filet d'huile. Saler et assaisonner avec les épices. Enfourner à four chaud à 180 °C pour 40 mn de cuisson. Les aubergines doivent être rôties à cœur.

UN AS DANS LA MANCHE

L'aubergine se marie avec de nombreuses épices. Les mélanges mexicain, italien ou même pour paëlla donnent de très bons résultats.

Variantes

1. Remplacer les épices par un coulis de tomate relevé avec une pointe d'harissa.

2. Mélanger la chair rôtie de l'aubergine avec un peu de yaourt grec et un filet de citron pour obtenir un caviar d'aubergine à tartiner.

Les speedy ribs

Des travers de porc fondants et caramélisés dans une sauce relevée, un plat tex-mex qui ne présente aucune difficulté et fait l'unanimité.

4 personnes

préparation : 5 mn
cuisson : 25 mn

Ingrédients

- 2 grands travers de porc ou 4 petits
- 5 cl de ketchup
- 1 cuillère à café de chili mexicain
- (ou un mélange d'épices mexicain)
- 2 cuillères à soupe de miel

Préparation

① Découper les travers de porc. Les faire frire à la poêle dans un peu d'huile. Ajouter le miel. Après 10 mn de cuisson, déglacer la poêle avec un peu d'eau.

② Ajouter le ketchup et le chili. Saler et laisser mijoter 20 mn en remuant de temps en temps.

③ Finir la cuisson à feu vif pour que la sauce caramélise.

UN AS DANS LA MANCHE

Servir avec des haricots rouges agrémentés de maïs et de poivron rouge.

Les pâtes à l'arrache

Connaissez-vous le principe du *One pot* ? Ce tout-en-un implique que le plat entier se cuisine dans un unique récipient. Avec le *One pot*, on est gagnant sur toute la ligne : moins de vaisselle, moins de manipulations, et au final un gain de temps fort appréciable. Les pâtes s'y prêtent très bien. Voici une recette basique de *One pot pasta*.

4 personnes

préparation : 5 mn
cuisson : 20 mn

Ingrédients

- 200 g de spaghetti
- 1 litre d'eau
- 1 cuillère à soupe d'huile d'olive
- 1 oignon rouge émincé
- 3 gousses d'ail
- Quelques feuilles de basilic
- 1 poignée d'olives noires
- 1 poignée de tomates cerise
- 1 demi-courgette
- 1 petite tasse de pois chiches cuits
- 1 cuillère à soupe de concentré de tomate

Accessoires

- Une grande casserole

Préparation

① Verser l'eau et l'huile dans la casserole. Ajouter l'ail et l'oignon émincés. Porter à ébullition. Plonger les spaghetti dans la casserole. Laisser cuire 8 mn. En milieu de cuisson ajouter les tomates coupées en deux, les courgettes et les pois chiches.

② Égoutter, ajouter les olives, le concentré de tomate et les feuilles de basilic ciselées. Parsemer de gruyère râpé.

UN AS DANS LA MANCHE

- Une autre technique consiste à faire revenir l'oignon et l'ail dans l'huile d'olive avant de verser l'eau.
- Pour le plaisir des yeux, on peut mixer spaghetti clairs et spaghetti noirs à l'encre de seiche.

Une infinité de sorbets fruités

Transformer des fruits en glace d'un coup de baguette magique, c'est facile à une seule condition : avoir anticipé ce tour simplissime.

4 personnes

préparation : 3 minutes à tout casser. Si, si !

Ingrédients

- 250 g de fruits congelés en morceaux : mangues, prunes, pommes, poires, melon, cerises, mélange de fruits rouges (éviter les framboises si l'on n'aime pas sentir les graines)…
- 1 blanc d'œuf
- Facultatif : 2 cuillères à soupe de sucre glace

Accessoires

- Un mixeur

Préparation

① Mettre les fruits congelés et le sucre dans le bol du mixeur. Mixer durant une à deux minutes. Ajouter le blanc d'œuf et mixer 10 secondes supplémentaires.

② Il n'y a pas de second paragraphe. Le sorbet est prêt !

UN AS DANS LA MANCHE

• Le blanc d'œuf évite la formation des cristaux de glace si l'on veut conserver le sorbet au congélateur.

• On peut congeler ses fruits à l'avance. Les couper en morceaux avant de les congeler pour pouvoir les mixer, par la suite, plus facilement. Pour de plus grandes quantités, mixer les fruits par petite portion.

Variantes

• Si vous disposez d'un robot mixeur, insérer le fouet et fouetter une minute supplémentaire. En aérant le sorbet, il le transformera en glace à l'italienne, sans ajout de crème fraîche. Encore un tour de magie !

• On peut utiliser un seul fruit par sorbet et en préparer plusieurs, ou mélanger plusieurs fruits différents dans un seul sorbet, la palette des sorbets est infinie !

Variante

La recette marche aussi avec des kiwis. Prendre de petits fruits entiers, couper juste la base, pour les faire tenir debout, et le sommet, pour les rôtir.
Ils se dégustent à la coque.

Les bananes épinglées

Une recette plus simple que celle-là, franchement je n'en vois pas. Et pourtant le résultat est intrigant, beau et délicieux tout à la fois.

4 personnes

Préparation : 5 mn
cuisson : 15 mn

Ingrédients

- 4 bananes assez mûres
- 4 gousses de vanille
- Le jus d'un citron
- 8 cuillères à soupe de caramel liquide

Préparation

① Couper les extrémités des bananes puis les trancher en gros tronçons sans les éplucher. Les disposer debout dans un plat qui va au four. Arroser la surface des tronçons de jus de citron.

② Gratter l'intérieur des gousses de vanille pour récupérer les graines et les mélanger au caramel liquide. Arroser les tronçons de ce caramel vanillé. Faire cuire 15 mn à four chaud, à 200 C.

③ Découper les gousses de vanille en autant de morceaux que de tronçons. Piquer un morceau de vanille au centre de chaque tronçon et servir chaud.

UN AS DANS LA MANCHE

- Pas de caramel ? Du miel fera très bien l'affaire.
- On peut remplacer les gousses de vanille par de fins bâtons de cannelle et utiliser de l'extrait de vanille liquide ou en poudre.

La choco'momie

Un dessert pas compliqué mais très gourmand et amusant à préparer. Il se personnalise à volonté. Vous allez être emballé !

4 personnes

préparation : 10 mn
cuisson : 30 mn

Ingrédients

- 1 rouleau de pâte feuilletée (au beurre, c'est meilleur)
- 1 tablette de chocolat
- 1 jaune d'œuf

Accessoires

- Un pinceau en silicone

Préparation

① Étaler la pâte feuilletée. Poser la tablette de chocolat au milieu de la pâte. Replier le bas de la pâte sur la tablette. Avec la lame d'un couteau, inciser la pâte de chaque côté de la tablette, de façon à former des bandes parallèles d'1,5 cm de large en biais (voir photo).

② Replier les bandes en alternance à droite et à gauche sur la tablette de chocolat, de façon à la recouvrir comme les bandelettes d'une momie. Rabattre la partie du haut sur la tablette et la glisser sous les bandelettes.

③ Badigeonner la tablette avec le jaune d'œuf battu. Enfourner 30 mn dans un four préchauffé à 180 °C.

UN AS DANS LA MANCHE

- On peut saupoudrer la tablette de noix de coco râpée, parsemer de fruits secs ou confits avant de l'emballer.
- Pour obtenir une dorure brillante, mélanger l'œuf battu avec un filet d'huile avant d'en enduire la choco'momie.

Variante

Chocolat noir, blanc, au lait, aux noisettes… la recette marche avec toutes les tablettes !

La pavlova express

La pavlova est un dessert très tendance. Comme tous les gâteaux à base de meringue, sa réalisation est délicate et prend du temps. À moins d'employer la ruse… En voici une version en kit, simplissime et gourmande.

4 personnes

Préparation : 15 mn

Ingrédients

- 2 meringues de taille moyenne achetées en boulangerie
- 20 cl de crème liquide entière très froide et 15 g de sucre glace (ou de la chantilly en bombe)
- 100 g de glace à la vanille
- Fruits frais à égrainer : fruits de la passion, grenade, groseilles…

Accessoires

- Un batteur électrique
- Une poche à douille

Variante

On peut aussi parsemer la pavlova de petits cubes de mangue bien mûre ou de fruits confits, et les décorer avec des tranches de carambole. À la coupe, ce fruit exotique acidulé prend une jolie forme en étoile.

Préparation

① Briser grossièrement les meringues. Répartir les morceaux dans quatre coupes à dessert. Ajouter une quenelle de glace à la vanille.

② Mettre le sucre glace et la crème fraîche bien froide dans un saladier. Monter la chantilly avec le batteur électrique. Verser dans la poche à douille, tracer des volutes de chantilly sur la meringue et la glace.

③ Garnir de fruits et servir aussitôt.

UN AS DANS LA MANCHE

En guise de poche à douille, utiliser un sac en plastique pour la congélation. C'est plus pratique s'il est refermable. Le fermer et couper un des coins pour former une fine ouverture. Presser le sac pour expulser la crème par le trou sous forme de jolies volutes.

REMERCIEMENTS

Je dédie ce livre à ma grand-mère Marthe, cuisinière d'exception, qui m'a légué son précieux livre de recettes.

La cuisine au bluff est le fruit d'une longue histoire d'échanges entre amis, je ne peux les remercier tous mais j'ai une pensée pour chacun et chacune d'entre eux. Toute ma gratitude va à Jeffrey Lee-Pat-Yuen, qui s'est embarqué sans hésiter dans l'aventure. Tu as beaucoup de talent, Jeff ! Ce livre te doit énormément. Quel bonheur de travailler aussi avec ma fille Claire-Marine et Vincent, son père, deux assistants de choc à la direction artistique, à la photo et à la dégustation. La cuisine, c'est souvent une affaire de famille. Mille fois merci d'adhérer à mes projets, quels qu'ils soient ! Un grand merci à Laurence, des Éditions du Loir, pour m'avoir suivie dans cette partie de poker. Et à Florence et à Vanessa, qui reconnaîtront certaines pièces de vaisselle... Enfin merci à vous, mes contributeurs, qui avez ululé en nombre pour soutenir ce projet.

retrouvez notre actualité
sur www.leseditionsduloir.fr

Composition et mise en pages : **CM CONTINENTAL MÉDIAS**

Achevé d'imprimer en décembre 2019

Exaprint
Business Plaza bât 2, 159 Rue de Thor, 34000 Montpellier

Imprimé en France